hamburguesas

hamburguesas

Miranda Ballard de **"Muddy Boots"**

Fotografías por Clare Winfield

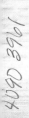

Le dedico este libro a Roland.

EL PAIS
AGUILAR

Título original: *Burgers and sliders*
©2013 Ryland Peters & Small

Traducción: Amaya Basáñez

Coordinación editorial: Diana Acero Martínez

Edición: Marta Bravo

Coordinación técnica: Victoria Reyes

Maquetación: M. García y J. Sánchez

Primera edición, 2013

De la presente edición:
© Santillana Ediciones Generales, S.L.
Avenida de los Artesanos 6
28760 Tres Cantos
Madrid

www.elpaisaguilar.es

ISBN: 978-84-03-51299-3

PRISA EDICIONES

Notas

• Todas las medidas que se dan en cucharadas son
rasas, a no ser que se especifique lo contrario.

• Se debe precalentar el horno a la temperatura
especificada. Cada horno es ligeramente diferente.
Le recomendamos utilizar un termómetro de
horno y le sugerimos que consulte el manual de
instrucciones de su horno, sobre todo si emplea
un horno de convección, puesto que tendrá que
ajustar las temperaturas siguiendo
las instrucciones del fabricante

• Los huevos serán de tamaño grande a no ser que
se diga otra cosa. Los huevos crudos o a medio
cocinar no deberían ser ingeridos por ancianos,
enfermos, niños pequeños, mujeres embarazadas
o los que tengan un sistema inmunológico
delicado.

• Cuando la receta incluya la ralladura de un
cítrico, compre fruta sin encerar y lávela bien
antes de usarla. Si solo puede encontrar fruta
procesada, frótela bien con agua tibia y jabón
antes de utilizarla.

Agradecimientos de la autora

A mi familia y a mis suegros por prestarse
encantados a probar catorce hamburguesas de una
tacada. A los maravillosos editores que le dieron
una oportunidad a una recién llegada. Y a mi
marido Roland, que es la fuente de cada sonrisa
y de cada idea.

contenidos

la historia de Muddy Boots

Hace unos años, mi marido Roland y yo nos lo estábamos pasando genial viviendo en Londres, trabajando en la televisión y en el cine, y sin imaginarnos ni por un momento que montaríamos nuestra propia empresa. De cualquier manera, sí que creíamos que había un mercado para hamburguesas de calidad, que utilizaran los mejores cortes de las terneras criadas éticamente más destacadas, y de ahí nació Muddy Boots. Por suerte, algunos supermercados estuvieron de acuerdo con nosotros y, tres años más tarde, nuestros productos se encuentran en más de 200 tiendas por todo el país.

Hoy en día nos apasiona hacer hamburguesas, más que cuando empezamos, y nos encanta que se nos ocurran nuevas variantes, más allá de lo clásico. Cuando nuestra familia y nuestros amigos vienen a casa, saben que siempre pueden contar con que habrá una deliciosa hamburguesa con guarnición casera esperándoles en la mesa; y sabemos que han disfrutado ayudándonos a perfeccionar nuestras nuevas y emocionantes recetas.

En ocasiones especiales, podemos servir la hamburguesa Wellington de ternera gourmet, sazonada con champiñones, chalotas y mostaza y servida entre dos rebanadas de masa hojaldrada que se deshacen en la boca. La hamburguesa mexicana, coronada con nata agria, salsa de tomate y guacamole, es perfecta para un festín con familia y amigos a la hora de comer. Nuestros invitados siempre están encantados con nuestras mini hamburguesas César de pollo, ligeras y recién hechas, y las favoritas de los más pequeños son las de carne de cerdo y manzanas.

Muddy Boots todavía está creciendo y tenemos mucho camino por delante, pero nunca hemos mirado atrás. Esperamos que las recetas en este, nuestro primer libro, te inspiren para que disfrutes haciendo tus propias hamburguesas tanto como lo hacemos nosotros.

mezclar, dar forma y cocinar

Hay una razón por la que las hamburguesas se han visto asociadas a la comida rápida: porque son fáciles de hacer y sencillas de cocinar. Esto no significa en ningún caso que los ingredientes tengan que ser de baja calidad, pero es cierto que el tiempo que se necesita para hacer una hamburguesa –aunque sean caseras– es muy poco.

Después de seleccionar una carne buena y el resto de los ingredientes, lo que queda es muy simple. Mis principales consejos para crear la hamburguesa perfecta son:

1. *Con las manos en la masa.* Coloca los ingredientes en un cuenco y amásalos con tus manos. Esto es para asegurarse de que se han mezclado correctamente, y queda mucho mejor de lo que lo conseguirías utilizando un robot de cocina

2. *Prensar.* Hay ingredientes en estas recetas, como el huevo o el pan rallado, para ayudar a que la mezcla quede ligada cuando es necesario. Sin embargo, como mejor se consigue esto es prensando las hamburguesas con las manos antes de cocinarlas. Aprieta con fuerza la mezcla y después aplástala, dándole forma de medallón –cuanto más prensado mejor–. No hará que la textura de la hamburguesa sea menos esponjosa; lo único que decide eso es la calidad de la carne.

3. *¿Fritas, al horno o a la barbacoa?* Si hay ingredientes que forman tropezones en la mezcla, como por ejemplo en la de buey, queso de cabra y habas, va a ser mejor hacerlas al horno para que no pierdan su forma. Las hamburguesas más sencillas, con mezclas que ligan más fácilmente, como la clásica de ternera, salen mejor fritas o a la parrilla.

4. *¿De qué tamaño?* Lo bueno de hacer las hamburguesas tú mismo es que pueden ser del tamaño que quieras. Yo suelo hacerlas de 160 g para mi marido y de 120 g para mí. Puedes hacer las hamburguesas con medidas diferentes; solo recuerda que debes calcular un poco más de tiempo para cocinar las más grandes.

¿Por qué ir a un restaurante cuando puedes hacer estas deliciosas hamburguesas gourmet en casa? Esta sencilla receta combina un medallón de jugosa ternera con todos los condimentos. Sírvela con las clásicas patatas caseras para saborear la hamburguesa en todo su esplendor.

la hamburguesa definitiva
con beicon, queso y salsa de tomate

Para la salsa de tomate

1 cucharada de aceite de oliva

1 cebolla picada

1 diente de ajo aplastado

1 chile rojo fresco picado

800 g de tomates en lata troceados

200 ml de vinagre de vino

200 g de azúcar

30 g de alcaparras, ya enjuagadas

3 o 4 pepinillos pequeños, troceados

1 manojo de cilantro fresco

Sal marina y pimienta negra recién molida

Para las hamburguesas

340 g de carne magra de ternera picada

1 cucharada de aceite

Un pellizco de sal marina y pimienta fresca recién molida

Para servirlas

2 lonchas de beicon

4 lonchas de queso Cheddar

2 panes grandes de hamburguesa

Mantequilla para untar

2 cucharadas de mostaza

2 pepinillos en rodajas

75 g de lechuga picada

Patatas clásicas caseras (página 57)

Para 2 hamburguesas

Para hacer la salsa de tomate, vierte el aceite en una sartén a fuego medio. Añade la cebolla, el ajo y el chile y sofríelos hasta que se reblandezcan, removiendo de vez en cuando.

Añade los tomates y mézclalo bien. Vierte el vinagre y el azúcar hasta que rompa a hervir. Baja la intensidad y deja que se haga a fuego lento durante 30 minutos. Sazónala con sal y pimienta, a tu gusto. La salsa debería tener la consistencia de una compota. Agrega las alcaparras, los pepinillos y el cilantro. Pruébala y rectifica el punto de sal si hace falta.

Para hacer las hamburguesas, coloca la carne de ternera en un cuenco con la sal y la pimienta. Amásalo con las manos hasta que se haya mezclado. Divide la mezcla en dos y dales forma de medallón. Prensa cada hamburguesa para hacerlas más planas y bonitas.

Calienta el aceite en una sartén y fríe las hamburguesas a fuego medio-alto durante 5 minutos por cada lado hasta que se hayan hecho.

Mientras tanto, coloca otra sartén en el fuego y cuando esté caliente, fríe las rebanadas de beicon hasta que esté crujiente. Sácalas de la sartén y resérvalas.

Cuando las hamburguesas estén hechas, retíralas y coloca dos rebanadas de queso encima de cada una. Déjalas reposar para que el queso se funda ligeramente.

Corta los panes de hamburguesa por la mitad y tuéstalos un poco, en la parrilla o en un tostador.

Unta la mantequilla en la parte interior del pan. Échale un poco de mostaza en la base y coloca las hamburguesas encima. Añade una generosa cucharada de salsa de tomate a cada una y corónalas con el beicon, los pepinillos y la lechuga. Termina las hamburguesas tapándolas con la otra mitad del pan y sírvelas con las patatas clásicas caseras.

ternera clásica

Con todos los sabores de Italia, esta sabrosa y divina hamburguesa
te transportará hasta una mesa adornada con velas y una botella
de Chianti, a la orilla de un lago italiano.

italiana
con aceitunas, tomates secos y pesto

Precalienta el gril/parrilla del horno al punto medio.

Coloca la carne de ternera en un cuenco con las aceitunas, los tomates secos, el concentrado de tomate, el pesto, la sal y la pimienta. Amásalo con las manos hasta que se haya mezclado. Divide la mezcla en dos y dales forma de medallón. Prensa cada hamburguesa para hacerlas más planas y bonitas.

Pon las hamburguesas en una bandeja de horno y hazlas al grill durante 5 minutos por cada lado, hasta que estén bien cocinadas. Retíralas y resérvalas, pero no apagues la parrilla.

Corta las chapatas por la mitad y tuéstalas ligeramente en la parrilla.

Coloca cada hamburguesa en la parte inferior de las chapatas y corónalas con una cucharada generosa de mayonesa de pesto. Termina las hamburguesas tapándolas con la otra mitad de la chapata y sírvelas, si quieres, con un cuenco de aceitunas al lado.

Para las hamburguesas

220 g de carne magra de ternera picada

4 aceitunas negras, deshuesadas y picadas

2 tomates secos picados

2 cucharadas de concentrado de tomate

2 cucharadas de pesto

Un pellizco de sal marina y pimienta fresca recién molida

Para servirlas

2 panes de chapata pequeños

Mayonesa de pesto (página 59)

Un cuenco de aceitunas negras (opcional)

Para 2 hamburguesas

ternera clásica **13**

Algunas veces, menos es más y una simple hamburguesa hecha con carne de ternera de buena calidad habla por sí sola. Merece la pena preparar una buena provisión de nuestro kétchup casero para acompañar las hamburguesas; es mucho más sabroso que los que puedas encontrar en una tienda.

la clásica de ternera
con lechuga y kétchup

Para las hamburguesas

220 g de carne magra de ternera picada

2 cucharadas de concentrado de tomate

1 cucharada y media de pan rallado

1 cucharadita de perejil fresco picado

1 cucharada de aceite

Un pellizco de sal marina y pimienta fresca recién molida

Para servirlas

2 panes de hamburguesa con semillas de sésamo

Kétchup casero (página 61)

Unas cuantas hojas de lechuga

Patatas clásicas caseras (página 57)

Para 2 hamburguesas

Coloca la carne de ternera en un cuenco con el concentrado de tomate, el pan rallado, el perejil, la sal y la pimienta. Amásalo con las manos hasta que se haya mezclado. Divide la mezcla en dos y dales forma de medallón. Prensa cada hamburguesa para hacerlas más planas y bonitas.

Calienta el aceite en una sartén y fríe las hamburguesas a fuego medio-alto durante 5 minutos por cada lado hasta que se hayan hecho.

Corta los panes por la mitad. Extiende una cucharada de kétchup casero en la base y coloca las hamburguesas encima. Corónalas con unas hojas de lechuga y tápalas con la otra mitad del pan. Sírvelas con las patatas clásicas caseras.

Uno de mis recuerdos más preciados es comerme las habas directamente de la vaina cuando era más joven. Todavía lo hago, ahora que las cultivamos, pero me aseguro de guardarme algunas para estas hamburguesas, ideales para el verano.

buey, queso de cabra y habas
con mayonesa y pesto

Precalienta el horno a 180º.

Derrite la mantequilla en una sartén a fuego medio y añade el ajo. Incorpora las habas y remueve hasta que se hayan tostado. Entonces, retíralas de la sartén, aplástalas con un tenedor y déjalas reposar para que se enfríen.

Coloca la carne de buey en un cuenco con el queso de cabra, el concentrado de tomate, el huevo, el pan rallado, la sal y la pimienta. Amásalo con las manos hasta que se haya mezclado. Añade las habas ya prensadas y vuelve a amasarlo. Divide la mezcla en dos y dales forma de medallón. Prensa cada hamburguesa para hacerlas más planas y bonitas. Pon las hamburguesas en una bandeja y métela al horno durante 20 minutos, dándoles la vuelta a mitad de la cocción.

Corta los panecillos por la mitad y unta un poco de mantequilla en ambos lados. Coloca una hamburguesa en la base de cada uno y corónalas con una cucharada de mayonesa de pesto. Termina tapándolas con la otra mitad del pan y sírvelas con una ensalada de rábanos y puerros, si quieres.

Para las hamburguesas

1 cucharada de mantequilla

1 diente de ajo, fileteado

30 g de habas frescas descascaradas

160 g de carne magra de buey picada

15 g de queso de cabra desmigado

4 cucharadas de concentrado de tomate

1 cucharada de huevo batido

3 cucharadas de pan rallado

Un pellizco de sal marina y pimienta fresca recién molida

Para servirlas

2 panecillos integrales

Mantequilla para untar

Mayonesa de pesto (página 59)

Rábanos y berros preparados para ensalada (opcional)

Para 2 hamburguesas

Esta sustanciosa receta es una versión del tradicional chili con carne. Estas hamburguesas deliciosamente picantes están igual de buenas servidas solas que entre panecillos.

chili con carne
envuelta en calabacín tostado

Para las hamburguesas

1 cucharada de aceite de oliva

1 calabacín grande, ya pelado y fileteado a lo largo

200 g de carne magra de buey picada

2 cucharadas de frijoles rojos, ya cocidos y picados

4 cucharadas de concentrado de tomate

Media cebolla roja picada

3 cucharadas de pan rallado

1 cucharada de huevo batido

1 chile rojo fresco picado

Un pellízco de comino en polvo

Sal marina y pimienta fresca recién molida

Para servirlas

4 lonchas de queso Cheddar

2 panecillos integrales (opcionales)

2 cucharadas de nata agria

Patatas clásicas caseras (página 57)

Para 2 hamburguesas

Precalienta la parrilla del horno al punto medio.

Echa el aceite en una sartén parrillera. Añade las láminas de calabacín y fríelas a fuego alto, dándoles la vuelta hasta que se tuesten por ambos lados. Resérvalas mientras se enfrían.

Coloca la carne de buey en un cuenco con los frijoles, el concentrado de tomate, la cebolla, el pan rallado, el huevo, el chile, el comino, la sal y la pimienta. Amásalo con las manos hasta que se haya mezclado. Divide la mezcla en dos y dales forma de medallón. Prensa cada hamburguesa para hacerlas más planas y bonitas.

Coloca las hamburguesas en una bandeja de horno y tuéstalas a la parrilla 5 minutos por cada lado hasta que se hayan hecho. Cuando ya estén, retíralas y corona con 2 lonchas de queso por hamburguesa. Envuelve con una lámina de calabacín cada una de ellas, haciendo que los extremos coincidan en la parte superior.

Corta los panecillos por la mitad, si al final los vas a usar, y coloca una de las hamburguesas envueltas en la base. Sírvelas con crema agria para que cada uno se eche al gusto y las patatas clásicas caseras.

Como un verdadero festín mexicano, esta hamburguesa, al igual que los aderezos, contiene todos los sabores intensos de México, así que cada bocado los incluye. Si te gusta más picante, solo tienes que añadirle un poco más de chile.

mexicana
con nata agria, salsa de tomate recién hecha y guacamole

Para hacer el guacamole, coloca el aguacate en un cuenco junto con el chile, el zumo de lima y el cilantro, y sazona con la sal y la pimienta a tu gusto. Aplástalo con un tenedor hasta formar una pasta.

Para hacer la salsa de tomate, coloca los tomates en un cuenco junto con la cebolla y los chiles. Agrega el zumo de lima y bátelo bien; después échale el azúcar y rectifica el punto de sal. Añade el cilantro.

Para hacer las hamburguesas, coloca la carne de buey en un cuenco junto con el pan rallado, la cebolla, el concentrado de tomate, el queso, la ralladura de lima, el chile, el huevo, la sal y la pimienta. Amásalo con las manos hasta que se haya mezclado. Divide la mezcla en dos y dales forma de medallón. Prensa cada hamburguesa para hacerlas más planas y bonitas.

Calienta el aceite en una sartén y fríe las hamburguesas a fuego medio-alto durante 5 minutos por cada lado hasta que se hayan hecho.

Precalienta la parrilla al punto medio. Echa unas cuantas gotas de agua en cada tortilla y ponlas en la parrilla unos pocos segundos por cada lado para que se tuesten ligeramente. Úntalas con nata agria y coloca una hamburguesa en cada una. Corónalas con una cucharada de guacamole y una de salsa de tomate. Espolvorea con cilantro y sirve, doblando la tortilla alrededor de la hamburguesa para comerlas.

Para el guacamole

1 aguacate grande y maduro, ya pelado y deshuesado

½ chile rojo fresco, picado

1 cucharadita de zumo de lima recién exprimido

1 manojo de cilantro fresco

Un pellizco de sal marina y pimienta fresca recién molida

Para la salsa de tomate

500 g de tomates maduros, pelados y picados

½ cebolla roja picada

1 o 2 chiles pequeños y verdes, picados y vaciados

3 cucharadas de zumo de lima recién exprimido

Un pellizco de azúcar

2 cucharadas de cilantro fresco picado

Sal marina

Para las hamburguesas

180 g de carne magra de buey picada

3 cucharadas de pan rallado

½ cebolla roja picada

2 cucharadas de concentrado de tomate

20 g de queso rallado, variedad Monterrey Jack o un Cheddar curado

La ralladura de media lima

1/2 chile fresco, picado

1 cucharada de huevo batido

1 cucharada de aceite

Un pellizco de sal marina y pimienta fresca recién molida

Para servirlas

Nata agria

2 tortillas grandes de maíz

Un puñado de cilantro fresco picado

Para 2 hamburguesas

Ligera, vistosa e intensa, esta original combinación de ingredientes se une para crear una deliciosa hamburguesa para el verano. Para una variante con menos calorías, sírvelo sin el panecillo y en un lecho de canónigos.

buey, pimiento rojo a la plancha y lima
con *crème fraîche* y canónigos

Para las hamburguesas

½ pimiento morrón rojo, vaciado y picado

2 cucharadas de aceite de oliva

200 g de carne magra de buey picada

2 cucharaditas de pimentón

La ralladura de ½ lima

3 cucharadas de pan rallado

1 cucharada de huevo batido

1 diente de ajo picado

Un pellizco de sal marina y pimienta fresca recién molida

Para servirlas

2 panecillos integrales con semillas (opcionales)

Un puñado de hojas de canónigos, picadas

Crème fraîche / nata agria

Gajos de lima, para exprimir

Para 2 hamburguesas

Precalienta la parrilla del horno al máximo.

Baña los pimientos con el aceite y échales sal y pimienta. Ponlos en una bandeja de horno y hazlos a la parrilla durante 8-10 minutos, removiéndolos de vez en cuando para que se tuesten por todos los lados. Retíralos y déjalos que se enfríen.

Coloca la carne de buey en un cuenco junto con el pimentón, la ralladura de lima, el pan rallado, el huevo, el ajo, la sal y la pimienta. Añade los trocitos de pimiento a la brasa y amásalo con las manos hasta que se haya mezclado. Divide la mezcla en dos y dales forma de medallón. Prensa cada hamburguesa para hacerlas más planas y bonitas.

Coloca las hamburguesas en una bandeja de horno y tuéstalas a la parrilla 5 minutos por cada lado hasta que se hayan hecho.

Corta los panecillos por la mitad, si al final los vas a utilizar, y echa unas cuantas hojas de canónigos en la base de cada uno. Añade las hamburguesas y corona con una cucharada generosa de *crème fraîche*. Tápalas con la otra mitad del pan y sírvelas con gajos de lima, como opción para exprimirlos por encima.

Aunque es uno de los platos que más trabajo requieren, el buey a la Wellington funciona muy bien como hamburguesa. Para crear esta delicia gourmet hemos utilizado unos bollos de hojaldre en vez de panecillos y hemos aderezado estas deliciosas hamburguesas con mostaza, champiñones y chalotas.

buey a la Wellington
en bollo de hojaldre

Precalienta el horno a 180°.

Para hacer el hojaldre, coloca la mantequilla, la harina y la sal en un cuenco y mézclalo con las manos hasta que tenga la consistencia de la miga de pan. Agrega 3 cucharadas de agua templada y revuelve. Añade otras 3 más y sigue mezclando. Si la pasta te parece demasiado seca, añade un poco más de agua para que se cuaje, pero no mucha. No debería estar pegajosa. Envuélvelo en papel film y deja que se enfríe en la nevera mientras haces las hamburguesas.

Calienta la mitad del aceite en una sartén a fuego medio-alto. Echa el ajo, las chalotas y los champiñones y sofríelos hasta que se tuesten. Retira del fuego y añade la mostaza, el concentrado de tomate y el tomillo y mézclalo bien. Déjalo aparte para que se enfríe.

Saca la masa de hojaldre de la nevera y estírala con el rodillo en una superficie espolvoreada de harina hasta que tenga un grosor de 1 cm. Corta cuatro círculos usando el molde para galletas.

Colócalos en una bandeja de horno previamente engrasados y con la ayuda de una brocha o un pincel, pinta por encima con un poco de leche. Hornea durante 15-20 minutos, hasta que se doren.

Para hacer las hamburguesas, coloca la carne de buey en un cuenco junto con la sal y la pimienta. Amásalo con las manos hasta que se haya mezclado. Añade el sofrito de chalotas y champiñones y vuelve a mezclarlo. Divide la mezcla en dos y dales forma de medallón. Prensa cada hamburguesa para hacerlas más planas y bonitas.

Calienta lo que queda del aceite en una sartén y fríe las hamburguesas a fuego medio-alto durante 5-6 minutos por cada lado, hasta que se hayan hecho.

Cuando hayas terminado, retira los hojaldres del horno y coloca dos de ellos boca arriba en los platos donde las vayas a servir. Corona con las hamburguesas y un puñado de hojas de canónigos. Cúbrelas con los hojaldres restantes y sírvelas acompañadas de los guisantes y de la salsa de tomate que prefieras, a un lado.

Para los bollos de hojaldre
50 g de mantequilla sin sal, fría y cortada en cubitos

120 g de harina, y un poco más para estirar la masa con el rodillo

Un poco de leche, para aplicar con la brocha

Un pellizco generoso de sal marina

Para las hamburguesas
2 cucharadas de aceite de oliva

1 diente de ajo picado

2 chalotas picadas

6 champiñones picados

¾ de cucharadita de mostaza a la antigua

2 cucharaditas de concentrado de tomate

1 ramita de tomillo fresco, picada

300 g de carne magra de buey picada

Un pellizco de sal marina y pimienta fresca recién molida

Para servirlas
Un puñado de hojas de canónigos

Guisantes cocidos

Chutney de tomate a tu elección

Un rodillo para amasar

Un molde cortador de galletas de 9 cm de diámetro

Para 2 hamburguesas grandes

Las hamburguesas no se suelen asociar con la idea de comida reconfortante, pero esta receta demuestra que pueden ser el perfecto guiso casero. Solo tienes que hacerlas al horno con un montón de deliciosas verduras.

buey, puerros y champiñones
con verduras a la brasa y mayonesa de mostaza

1 puerro picado y ½ puerro cortado

10 champiñones picados

2 ramitas de tomillo fresco, picadas

5 cucharadas de aceite de oliva

1 patata mediana, ya pelada y cortada

1 batata, ya pelada y cortada

1 calabaza de invierno, ya pelada y cortada

1 zanahoria, ya pelada y cortada

1 cebolla roja cortada

2 dientes de ajo picados

1 ramita de romero fresco, picada

420 g de carne magra de buey picada

1 cucharada y media de pan fresco rallado

Sal marina y pimienta fresca recién molida

Para servirlas

Mayonesa de mostaza (página 58)

Verduras variadas a la brasa, las que prefieras (opcional)

Para 4 hamburguesas

Precalienta el horno a 180º.

Coloca el puerro picado y los champiñones en una fuente de horno. Añade el tomillo y sazona con la sal y la pimienta. Vierte por encima 3 cucharadas de aceite de oliva y hazlo al horno durante 15-20 minutos, hasta que se haya reblandecido y tostado. Cuando esté hecho, retíralo del horno y déjalo que se enfríe. No apagues el horno.

Mientras tanto, pon una cazuela con agua y llévala a ebullición. Añade el medio puerro restante, la patata, la batata, la calabaza y la zanahoria y hierve durante 5 minutos. Escurre las verduras y colócalas en una fuente para horno. Agrega la cebolla, el ajo y el romero y echa lo que queda del aceite de oliva por encima. Revuelve un poco para que se mezcle y hornéalo durante 20 minutos.

Para hacer las hamburguesas, coloca la carne de buey en un cuenco junto con el pan rallado, la sal y la pimienta. Amásalo todo con las manos hasta que se haya mezclado. Añade la mezcla de puerros y champiñones y vuelve a mezclarlo. Divide la mezcla en cuatro y dales forma de medallón. Prensa cada hamburguesa para hacerlas más planas y bonitas. Al cabo de 20 minutos, saca la fuente del horno y vuelve a remover el contenido. Disponlo de tal manera que queden cuatro montones, y coloca ahí las hamburguesas, arropadas por las verduras.

Vuelve a dejarlo en el horno unos 20-25 minutos, dándoles la vuelta a las hamburguesas a mitad de cocción. Coloca una cucharada de mayonesa de mostaza encima de cada hamburguesa y, si quieres, corónalos con 2 vainas de judías verdes. Sírvelo con las verduras variadas que prefieras.

Estas sencillas mini hamburguesas contienen una deliciosa sorpresa de mozzarella. Son geniales para una fiesta o como parte de un bufé.

minis de buey y *mozzarella*
con mayonesa de pesto y rúcula

Precalienta el horno a 180º.

Echa la carne de buey en un cuenco junto con el concentrado de tomate, el ajo, la sal y la pimienta. Amásalo con las manos hasta que se haya mezclado. Divide la mezcla en cuatro y dales la forma de medallones pequeños. Coloca una bolita de *mozzarella* en el medio de cada una y dobla el medallón, de manera que la *mozzarella* quede escondida. Prensa cada mini hamburguesa para hacerlas más planas y bonitas.

Ponlas en una bandeja de horno y hazlas durante 20 minutos, dándoles la vuelta a mitad de cocción. Cuando estén hechas, retíralas y deja que se asienten durante 4 minutos, para dar tiempo a la *mozzarella* a que se enfríe un poco.

Corta las mini chapatas en dos y unta la base de cada una con un poco de mayonesa de pesto. Coloca la mini hamburguesa encima y decora con unas cuantas hojas de rúcula. Tápalas con la otra mitad de la chapata y sírvelas.

Para las mini hamburguesas

200 g de carne magra de buey picada

2 cucharaditas de concentrado de tomate

1 diente de ajo picado

4 bolitas de *mozzarella*

Un pellizco de sal marina y pimienta fresca recién molida

Para servirlas

4 mini chapatas

Mayonesa de pesto (página 59)

Un puñado de hojas de rúcula

Para 4 mini hamburguesas

*Dondequiera que estés, captura el sabor de América del Sur con
estas deliciosas mini hamburguesas. Servidas con una salsa
picante de maíz y pimientos, más el sabor cítrico de la mayonesa de
lima, te garantizan una auténtica fiesta para tu paladar.*

minis de buey y frijoles
con salsa de maíz y pimientos

Para la salsa de maíz y pimientos

2 mazorcas de maíz, grandes

3 cucharadas de aceite

4 cebolletas, fileteadas

El zumo recién exprimido de 1 lima

6 pimientos Pepperdew, cortados

2 cucharadas de cilantro picado

Una pizca de salsa de chili

Sal marina y pimienta fresca
recién molida

Para las mini hamburguesas

1 cucharada de frijoles negros de lata

1 cebolleta fileteada

1 diente de ajo picado

2 cucharadas de concentrado de tomate

Una pizca de pimienta de cayena

1 cucharada de cilantro fresco picado

200 g de carne magra de buey picada

40 g de arroz de grano largo,
cocido y frío

1 cucharada de aceite

Un pellizco de sal marina y
pimienta fresca recién molida

Para servirlas

4 panecillos con semillas de amapola

Mayonesa de lima (página 59)

Batatas (página 56)

Para 4 mini hamburguesas

Para hacer la salsa de maíz y pimientos, corta los extremos de las mazorcas con un cuchillo afilado, para poder desgranarlas. Echa 2 cucharaditas del aceite en una sartén y ponla a fuego medio. Añade el maíz y cocínalo durante 2-3 minutos hasta que empiece a dorarse. Agrega las cebolletas y déjalo 1 minuto más, removiendo. Vierte el contenido en un cuenco y déjalo enfriar.

Añade el zumo de lima, los pimientos, el cilantro y lo que queda del aceite y mézclalo bien. Echa un poco de salsa de chili y salpimienta.

Para hacer las mini hamburguesas, tritura los frijoles, la cebolleta, el ajo, el concentrado de tomate, la pimienta de cayena y el cilantro con la ayuda de un robot de cocina. Vierte la mezcla en un cuenco, añade la carne de buey y amásalo con las manos hasta que se haya mezclado. Incorpora el arroz, sazona con sal y pimienta y vuelve a amasar. Divide la mezcla en cuatro y dales la forma de medallones pequeños. Prensa cada mini hamburguesa para hacerlas más planas y bonitas.

Calienta el aceite en una sartén y fríe las hamburguesas a fuego medio-alto durante 4 minutos por cada lado, hasta que se hayan hecho.

Corta los panecillos en dos y unta la base de cada uno con un poco de mayonesa de lima. Coloca la mini hamburguesa encima y corona con una cucharada generosa de salsa de maíz y pimientos. Tápalas con la otra mitad del panecillo y, si quieres, sírvelas acompañadas de batatas.

Estas impactantes mini hamburguesas con regusto asiático son ideales para comer al aire libre una cálida tarde de verano. La lima y el jengibre se mezclan perfectamente con la carne y el toque de especias añade un efecto contundente en cada bocado.

minis picantes de buey y cerdo
con jengibre y lima

Coloca la carne de buey y la de cerdo en un cuenco junto con el chile, el zumo de lima, el jengibre, el pan rallado, la sal y la pimienta. Amásalo con las manos hasta que se haya mezclado. Divide la mezcla en seis y dales la forma de medallones pequeños. Prensa cada mini hamburguesa para hacerlas más planas y bonitas.

Calienta el aceite en una sartén y fríe las hamburguesas a fuego medio-alto durante 3 minutos por cada lado, hasta que se hayan hecho.

Pon en una fuente las hojas de endibias boca arriba. Coloca una mini hamburguesa encima de cada hoja y corónalas con el chile y la cebolleta. Para sujetarlo todo, puedes ayudarte de un palillo, si quieres, y servirlas.

Para las mini hamburguesas

100 g de carne magra de buey picada

100 g de carne magra de cerdo picada

1 chile fresco, rojo o verde, picado

½ cucharadita de jengibre molido

1 cucharada de zumo de lima recién exprimido

3 cucharadas de pan rallado

1 cucharada de aceite

Un pellizco de sal marina y pimienta fresca recién molida

Para servirlas

6 hojas de endibias

2 chiles frescos y rojos, vaciados y fileteados

2 cebolletas fileteadas

6 palillos (opcionales)

Para 6 mini hamburguesas

Una contundente hamburguesa de cerdo, con todos sus aderezos, para esos días en que los cereales con leche no son suficientes.

súper desayuno
con setas Portobello y huevo frito

Para las hamburguesas

2 cucharadas de aceite de oliva

5 champiñones picados

200 g de carne magra de cerdo picada

2 cucharadas de kétchup, casero (página 61) o comprado

Un pellizco de mostaza en polvo

3 cucharadas de pan rallado

Un pellizco de sal marina y pimienta fresca recién molida

Para servirlas

2 panecillos blancos

Kétchup casero (página 61)

2 huevos fritos

2 setas variedad Portobello, braseadas

Para 2 hamburguesas

Echa una cucharada de aceite en una sartén a fuego medio. Agrega los champiñones y sofríelos hasta que se doren. Retíralos de la sartén y resérvalos.

Coloca la carne de cerdo en un cuenco junto con el kétchup, la mostaza en polvo, el pan rallado, la sal y la pimienta. Amásalo con las manos hasta que se haya mezclado. Añade los champiñones, ya fríos, y vuelve a mezclarlo. Divide la mezcla en dos y dales forma de medallón. Prensa cada hamburguesa para hacerlas más planas y bonitas.

Calienta lo que queda del aceite en una sartén y fríe las hamburguesas a fuego medio-alto durante 5 minutos por cada lado, hasta que se hayan hecho.

Divide los panecillos en dos y dóralos ligeramente en la parrilla o en un tostador. Echa una cucharada de kétchup casero en la base de cada uno y coloca las hamburguesas encima. Corona cada una con un huevo frito y una seta Portobello hecha a la brasa, y tápalas con la otra mitad del panecillo. Sírvelas con más kétchup casero aparte.

más carne

Esta regia hamburguesa de cerdo fue muy popular entre nuestros clientes cuando empezamos con el negocio. La dulzura de la sidra, combinada con el queso azul, le da a este plato un sabor intenso. Todavía estará más deliciosa si la sirves con nuestra cremosa mayonesa clásica casera.

cerdo a la sidra
con queso azul y espárragos verdes

Echa la mantequilla en una sartén parrillera a fuego alto. Coloca los espárragos boca abajo y hazlos durante 2 minutos. Dales la vuelta y dóralos por el otro lado. Retíralos y resérvalos.

Coloca la carne de cerdo en un cuenco junto con el queso azul, la sidra, el concentrado de tomate, la sal y la pimienta. Amásalo con las manos hasta que se haya mezclado. Divide la mezcla en dos y dales forma de medallón. Prensa cada hamburguesa para hacerlas más planas y bonitas.

Calienta lo que queda del aceite en una sartén y fríe las hamburguesas a fuego medio-alto durante 5 minutos por cada lado, hasta que se hayan hecho.

Corta los panecillos en dos. Echa una cucharada de mayonesa clásica en la base de cada una y coloca las hamburguesas encima. Divide las yemas de los espárragos entre las dos, coronándolas. Tápalas con la otra mitad del panecillo y sírvelas.

Para las hamburguesas

1 cucharada de mantequilla

6 yemas de espárragos verdes, cortados a lo largo por la mitad

190 g de carne magra de cerdo picada

30 g de queso azul curado y desmigado (como Roquefort, Gorgonzola o Stilton)

3 cucharadas de sidra natural

4 cucharadas de concentrado de tomate

1 cucharada de aceite

Un pellizco de sal marina y pimienta fresca recién molida

Para servirlas

2 panecillos integrales con semillas
mayonesa clásica (página 58)

Para 2 hamburguesas

Esta hamburguesa ligera y mediterránea te trae todos los sabores de los antipasti *italianos con cada bocado. Como mejor están es servidas en* foccacias *de romero templadas.*

cerdo a la italiana
con mayonesa de limón

Para las hamburguesas

½ pimiento rojo o amarillo, vaciado y troceado

4 champiñones, troceados

70 g de berenjena troceada

80 g de calabacín troceado

2 cucharadas de aceite de oliva

140 g de carne magra de cerdo picada

3 cucharadas de pan rallado

2 cucharaditas de concentrado de tomate

2 cucharaditas de pesto recién hecho, verde o rojo

1 diente de ajo, machacado

Un pellizco de sal marina y pimienta fresca recién molida

Para servirlas

2 *foccacias* de romero, templadas

Mayonesa de limón (página 59)

Unas cuantas hojas de lechuga

Gajos de limón, para exprimir por encima

Para 2 hamburguesas

Precalienta el horno a 180°.

Coloca el pimiento, los champiñones, el calabacín y la berenjena en una fuente junto con el aceite, la sal y la pimienta. Haz las verduras al horno durante 25-30 minutos hasta que se doren y se reblandezcan. Retíralo y deja que se enfríe. No apagues el horno.

Dispón la carne de cerdo en un cuenco junto con el pan rallado, el concentrado de tomate, el pesto, el ajo, la sal y la pimienta. Amásalo con las manos hasta que se haya mezclado. Incorpora las verduras, ya frías, y vuelve a amasar. Divide la mezcla en dos y dales forma de medallón. Prensa cada hamburguesa para hacerlas más planas y bonitas. Colócalas en una bandeja y mételas al horno durante 25 minutos, dándoles la vuelta a mitad de cocción.

Divide las *foccacias* por la mitad y dóralas ligeramente, en la parrilla o en un tostador. Echa una cucharada de mayonesa de limón en la base de cada una, añade las hojas de lechuga y coloca las hamburguesas. Tápalas con la otra parte de la *foccacia* y sírvelas con unos gajos de limón aparte, por si se quieren exprimir por encima.

Esta hamburguesa al estilo griego es muy sabrosa y fácil de preparar, lo que hace que sea perfecta para una cena familiar una tarde de primavera. El tzatziki casero añade un toque auténtico a este plato.

cordero y feta
con *tzatziki* y brotes de espinaca

Para hacer el *tzatziki*, echa el yogur en un cuenco junto con el pepino. Añade el ajo, el aceite de oliva, el vinagre, la menta y corrige el punto de sal a tu gusto. Mézclalo todo bien con un tenedor. Cúbrelo con papel film y deja que se enfríe en la nevera.

Precalienta la parrilla del horno a punto medio-alto.

Para hacer las hamburguesas, coloca la carne de cordero en un cuenco junto con el queso feta, la cebolla, las aceitunas, el ajo, el pan rallado, el comino, el concentrado de tomate, la sal y la pimienta. Amásalo con las manos hasta que se haya mezclado. Divide la mezcla en dos y dales forma de medallón. Prensa cada hamburguesa para hacerlas más planas y bonitas.

Coloca las hamburguesas en una bandeja de horno y tuéstalas a la parrilla 5 minutos por cada lado hasta que se hayan hecho.

Corta las pitas por un lateral, para poder abrirlas. Pon al fuego una sartén parrillera y coloca las pitas boca abajo durante 30 segundos, para que se doren. Después dales la vuelta para hacer lo mismo por el otro lado. También puedes hacerlas en el tostador, teniendo mucho cuidado de que no se tuesten excesivamente o se rompan.

Unta el *tzatziki* en el interior de las pitas templadas. Introduce en ellas las hamburguesas, junto con unos cuantos brotes de espinacas, y sírvelas con un acompañamiento de remolacha rallada y brotes de espinacas, si quieres.

Para el tzatziki

200 g de yogur natural

medio pepino, ya pelado y pasado por un rallador grueso

1 diente de ajo, machacado

1 cucharada de aceite de oliva virgen extra

½ cucharadita de vinagre de vino

1 cucharada de menta fresca picada

Sal marina

Para las hamburguesas

180 g de carne magra de cordero picada

30 g de queso *feta* troceado

Media cebolla roja picada

4 aceitunas negras, deshuesadas y troceadas

1 diente de ajo picado

3 cucharadas de pan rallado

Un pellizco de comino en polvo

2 cucharadas de concentrado de tomate

Un pellizco de sal marina y pimienta fresca recién molida

Para servirlas

2 panes de pita

Unos cuantos brotes de espinacas

2 remolachas, ya cocidas y ralladas

Para 2 hamburguesas

Estos deliciosos bocaditos de cerdo contienen unas deliciosas rodajas de manzana caramelizada. Son las favoritas de los niños y muy fáciles de hacer. Si tienes pequeñines alrededor, siempre puedes pedirles que te ayuden a hacerlas.

minis de cerdo y manzana
con rodajas de manzana caramelizada

Para las mini hamburguesas

1 manzana, pelada y rallada (Bramley o reineta)

2 cucharadas de miel

200 g de carne magra de cerdo picada

1 cucharada de aceite

Un pellizco de sal marina

Para las rodajas de manzana caramelizadas

1 cucharada de mantequilla

1 manzana en rodajas (Bramley o reineta)

1 cucharada de azúcar moreno

Para servirlas

4 mini panecillos integrales

Un puñado de hojas de rúcula

Kétchup casero (página 61)

Para 4 mini hamburguesas

Precalienta el horno a 180º.

Para hacer las mini hamburguesas, coloca la manzana rallada en una bandeja y vierte la miel por encima. Revuélvelo bien para que se bañen por completo y hazlo al horno durante 20-25 minutos hasta que se doren y se ablanden, removiendo una o dos veces durante el proceso. Retíralo y déjalo aparte para que se enfríe.

Coloca la carne de cerdo en un cuenco, échale sal y añade la manzana, ya fría. Amásalo con las manos hasta que se haya mezclado. Divide la mezcla en cuatro y dales la forma de medallones pequeños. Prensa cada mini hamburguesa para hacerlas más planas y bonitas. Deja que se enfríen en la nevera mientras haces las rodajas de manzana caramelizada.

Para ello, calienta la mantequilla en una sartén a fuego medio-alto hasta que burbujee. Echa las rodajas de manzana y hazlas hasta que estén crujientes y comiencen a tostarse, dándoles la vuelta para que se doren por ambos lados. Agrega el azúcar y continúa hasta que se fundan y empiecen a caramelizarse. Retíralas del fuego y déjalas aparte para que se entibien.

Calienta el aceite en una sartén y fríe las hamburguesas a fuego medio-alto durante 4 minutos por cada lado, hasta que se hayan hecho.

Corta los mini panecillos por la mitad y coloca unas cuantas hojas de rúcula en la base de cada uno. Dispón las mini hamburguesas y corona con una rodaja de manzana caramelizada. Tápalas con la otra mitad del panecillo y sírvelas con kétchup casero, si quieres.

Crea un asado de cordero en miniatura con estas mini hamburguesas gourmet. Están genial si las sirves en pan, pero todavía mejor si las presentas entre dos rodajas de patata al horno.

minis de cordero y menta
con patatas al horno y berros

Precalienta el horno a 180°.

Vierte una cucharada de aceite en una bandeja y coloca las rodajas de patata por encima; dales la vuelta para que se bañen por completo y espolvorea con pimienta negra. Hazlas al horno durante 25 minutos hasta que estén crujientes y tostadas. Retíralas y déjalas aparte hasta que estén lo suficientemente frías para manejarlas.

Coloca la carne de cordero en un cuenco junto con la menta, el pan rallado, el huevo, la sal y la pimienta. Amásalo con las manos hasta que se haya mezclado. Divide la mezcla en cuatro y dales la forma de medallones pequeños. Prensa cada mini hamburguesa para hacerlas más planas y bonitas.

Calienta lo que queda del aceite en una sartén y fríe las hamburguesas a fuego medio-alto durante 4 minutos por cada lado, hasta que se hayan hecho.

Pon una rodaja de patata en cada plato donde los vayas a servir y coloca una mini hamburguesa por encima. Corona con unas cuantas hojas de berro y tápalo con otra rodaja de patata. Para sujetarlo todo, ayúdate de un palillo y sírvelas.

Para las mini hamburguesas
3 cucharadas de aceite de oliva

8 rodajas gruesas de patata, de tamaño similar y sin pelar

200 g de carne magra de cordero picada

6 hojas de menta fresca, picadas

3 cucharadas de pan rallado

1 cucharada de huevo batido

Un pellizco de sal marina y pimienta fresca recién molida

Para servirlas
Un puñado de berros

4 palillos

Para 4 mini hamburguesas

Estas deliciosas mini hamburguesas al estilo hindú pegan fuerte. Servidas en mini panes naan, *tienen una pinta estupenda y son unos canapés perfectos para una fiesta o como entrantes para una cena de sabores orientales.*

minis de cordero al estilo hindú
con yogur a la menta y *chutney* de mango

Para las mini hamburguesas

200 g de carne magra de cordero picada

1 cucharada de *garam masala* (mezcla de especias)

Un pellizco de cúrcuma en polvo

3 cucharadas de pan rallado

1 cucharada de huevo batido

Un pellizco de cilantro fresco picado

Un pellizco de sal marina y pimienta fresca recién molida

Para servirlas

4 mini panes *naan*

Yogur natural mezclado con hojas de menta fresca picadas

Chutney de mango

Palillos (opcionales)

Para 4 mini hamburguesas

Coloca la carne de cordero en un cuenco junto con el *garam masala*, la cúrcuma, el pan rallado, el huevo, el cilantro, la sal y la pimienta. Amásalo con las manos hasta que se haya mezclado. Divide la mezcla en cuatro y dales la forma de medallones pequeños. Prensa cada mini hamburguesa para hacerlas más planas y bonitas.

Calienta lo que queda del aceite en una sartén y fríe las hamburguesas a fuego medio-alto durante 4 minutos por cada lado, hasta que se hayan hecho.

Echa unas cuantas gotas de agua en los panes *naan*, y tuéstalos en la parrilla o en un tostador para que se entibien. Sirve una cucharada generosa de yogur con menta en cada *naan*. Coloca una mini hamburguesa por encima y corona con una cucharadita de *chutney* de mango. Atraviésalas con un palillo si ves que lo necesitan y sírvelas.

Este pastel de pescado con forma de hamburguesa es un verdadero regalo para todos aquellos que quieren disfrutarlas pero no comen carne. Sírvelas con nuestras patatas clásicas caseras para tener una comida sustanciosa.

pastel de pescado
con alcaparras y salsa tártara

Para las hamburguesas

250 g de rodajas de salmón, sin espinas

50 g de gambas cocidas

30 g de pan rallado

1 cucharada de huevo batido

1 cucharada de alcaparras troceadas

1 diente de ajo picado

1 cucharada de queso parmesano rallado

Un pellizco generoso de cebollino fresco picado

Un pellizco generoso de perejil fresco picado

Un pellizco de sal marina y pimienta fresca recién molida

Para servirlas

2 panecillos blancos o con semillas de sésamo (roscos)

Salsa tártara

Unos cuantos brotes de espinacas

Patatas clásicas caseras (página 57)

Para 2 hamburguesas grandes

Precalienta el horno a 180°.

Coloca las rodajas de salmón en una fuente previamente engrasada y hazlas al horno durante 20 minutos, dándoles la vuelta a mitad del proceso. Retíralas y resérvalas hasta que estén lo suficientemente frías como para manejarlas. No apagues el horno.

Echa las gambas en un cuenco junto con el pan rallado, el huevo, las alcaparras, el ajo, el queso parmesano, el cebollino, el perejil, la sal y la pimienta. Amásalo con las manos hasta que se haya integrado. Quítale la piel al salmón y desmígalo; añade el resultado al cuenco y vuelve a mezclarlo todo. Divide la mezcla en dos y dales forma de medallón. Prensa cada hamburguesa para hacerlas más planas y bonitas.

Pon las hamburguesas en una bandeja y métetelas al horno durante 15-20 minutos, dándoles la vuelta a mitad de cocción.

Corta los roscos por la mitad y dóralos ligeramente a la parrilla o en el tostador. Unta la base de cada bollo con salsa tártara. Coloca una hamburguesa encima y corona con unos cuantos brotes de espinacas. Tápalas con la otra mitad del rosco y sírvelas con las patatas clásicas caseras.

otras ideas

Estas sabrosas hamburguesas vegetarianas no requieren de panecillo porque ya rebosan de deliciosas hortalizas. Sírvelas con nuestra mayonesa de mostaza y una ensalada verde.

vegetal de hortalizas y queso

con mayonesa de mostaza

Pon a hervir una cazuela grande con agua. Echa la calabaza, la batata, la patata, la zanahoria, la cebolla y el ajo y deja que cueza durante 10 minutos, hasta que se hayan reblandecido. Cuela y prénsalo todo con un pasapurés. Añade el tomillo, la sal y la pimienta y amásalo con las manos hasta que se haya mezclado.

Divide la mezcla en dos y dales forma de medallón. Prensa cada hamburguesa para hacerlas más planas y bonitas y rebózalas con el queso rallado, para que se quede adherido al exterior de la hamburguesa.

Precalienta la parrilla del horno a punto medio-alto.

Coloca las hamburguesas en una fuente ya engrasada y hazlas al grill durante 6-8 minutos por cada lado, hasta que el queso se haya tostado y burbujee. Retíralas del horno y deja que se enfríen un poco antes de servirlas.

Sírvelas con mayonesa de mostaza y una ensalada verde, si quieres.

Para las hamburguesas

⅓ de calabaza de invierno, pelada y troceada

1 batata, pelada y troceada

1 patata pequeña, pelada y troceada

1 zanahoria, pelada y troceada

½ cebolla roja, troceada

1 diente de ajo, troceado

Un pellizco generoso de tomillo seco

40 g de queso Cheddar curado y rallado

Un pellizco de sal marina y pimienta fresca recién molida

Para servirlas (opcional)

Mayonesa de mostaza (página 58)

Ensalada verde

Para 2 hamburguesas

Estas preciosas mini hamburguesas llevan todos los ingredientes de una ensalada César. Son ligeras y están deliciosas, y resultan unos canapés ideales para servir en fiestas. ¡Perfectas para divertirse!

minis de pollo
envueltas en jamón de Parma con salsa César

Para la salsa César
1 yema de huevo

1 diente de ajo pequeño, machacado

2 filetes de anchoa de conserva en aceite, secos y troceados

1 cucharada de zumo de limón recién exprimido

1 cucharadita de salsa Worcestershire

150 ml de aceite de oliva

25 g de queso parmesano rallado

Sal marina y pimienta fresca recién molida

Para las mini hamburguesas
200 g de carne magra de pollo o pavo, picada

6 tiras de cebollino, picado

1 cucharadita de pasta de anchoas

20 g de queso parmesano rallado

1 cucharadita de huevo batido

Un pellizco de sal marina y pimienta fresca recién molida

2 lonchas de jamón de Parma, partidas por la mitad

Para servirlas
4 mini panecillos con semillas

Unas cuantas hojas de lechuga romana

4 palillos

Para 4 mini hamburguesas

Precalienta el horno a 180°.

Para hacer la salsa César, bate la yema de huevo en un cuenco pequeño junto con el ajo, las anchoas, el zumo de limón y la salsa Worcestershire, con sal y pimienta al gusto, hasta que espume. Incorpora poco a poco el aceite de oliva hasta que espese y se quede lustroso. Agrega 2 cucharadas de agua para diluir un poco la salsa y añade el queso parmesano. Viértelo en un bote, tápalo y mételo en la nevera. Utilízalo todo ese mismo día, no lo guardes.

Para hacer las mini hamburguesas, coloca el pollo en un cuenco junto con el cebollino, la pasta de anchoas, el queso parmesano, el huevo, la sal y la pimienta. Amásalo con las manos hasta que se haya mezclado. Divide la mezcla en cuatro y dales la forma de medallones pequeños. Prensa cada mini hamburguesa para hacerlas más planas y bonitas.

Envuélvelas por separado en jamón de Parma y ponlas en una fuente. Mételas al horno durante 15-20 minutos hasta que se hayan hecho.

Corta los panecillos por la mitad y dispón una hoja de lechuga romana en cada base. Coloca encima las mini hamburguesas, échales salsa César y tápalas con la otra mitad del pan. Sujétalas ayudándote de un palillo y sírvelas.

Estas mini hamburguesas tan navideñas son perfectas como canapés para una celebración o entrantes para un menú de invierno. También son ideales para reutilizar las sobras que te puedan quedar después de las fiestas.

minis navideñas
con salsa de arándanos y Camembert

Precalienta el horno a 180°.

Dispón la chirivía en una bandeja y báñala con la miel. Hazla al horno durante 25-30 minutos hasta que se reblandezca y empiece a dorarse. Retírala y deja que se enfríe.

Coloca el pavo en un cuenco junto con el huevo, el concentrado de tomate, las castañas, el pan rallado, la sal y la pimienta. Amásalo con las manos hasta que se haya mezclado. Divide la mezcla en cinco y dales la forma de medallones pequeños. Prensa cada mini hamburguesa para hacerlas más planas y bonitas.

Calienta el aceite en una sartén y fríe las mini hamburguesas a fuego medio-alto durante 4 minutos por cada lado, hasta que se hayan hecho.

En el plato donde vayas a servir las hamburguesas, cubre cada una con un trozo de Camembert. Corónalas con una rebanada de chirivía al horno y sujeta todo con un palillo. Sírvelas con un cuenco de salsa de arándanos aparte, por si alguien se quiere echar.

Para las mini hamburguesas

1 chirivía, cortada en rodajas de 1 cm de espesor

1 cucharada de miel

160 g de carne magra de pavo picada

1 cucharada de huevo batido

2 cucharadas de concentrado de tomate

3 castañas, tostadas y picadas

3 cucharadas de pan rallado

1 cucharada de aceite

Sal marina y pimienta fresca recién molida

Para servirlas

5 trozos cuadrados de queso Camembert

Salsa de arándanos

5 palillos

Para 5 mini hamburguesas

hechas en casa

batatas

2 batatas, con piel, cortadas en gajos
Aceite de oliva para aliñar
Sal marina y pimienta fresca recién molida
Mezcla de especias cajún (opcional)

Para 2

Precalienta el horno a 180º.

Pon a hervir una cazuela grande con agua. Echa las batatas y deja que se hagan durante 5 minutos. Retíralas y disponlas en una bandeja de horno, ya engrasada.

Échales un poco de aceite de oliva por encima y espolvorea la pimienta y las especias cajún, si las vas a utilizar. Remuévelas para que se bañen bien.

Hazlas al horno durante 25 minutos hasta que estén crujientes y tostadas. Sacude la bandeja frecuentemente para asegurarte de que se doran sin pegarse.

Retíralas del horno, échales sal y sirve inmediatamente.

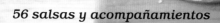

salsas y acompañamientos

patatas clásicas caseras

2 patatas harinosas, ya cortadas
Aceite de oliva para aliñar
Sal marina y pimienta fresca
recién molida

Para 2

Precalienta el horno a 180º.

Pon a hervir una cazuela grande
con agua. Echa las patatas y deja
que se hagan durante 5 minutos.
Retíralas y disponlas en una
bandeja de horno, ya engrasada.

Échales un poco de aceite de oliva
por encima, y espolvorea la sal y
la pimienta, al gusto, y remuévelas
para que se bañen bien. Hazlas al
horno durante 25 minutos hasta
que estén crujientes y tostadas.

Sacude la bandeja frecuentemente
para asegurarte de que se doran
sin pegarse.

Retíralas del horno, échales sal
y sirve inmediatamente.

mayonesas

La mayonesa casera es mucho más sabrosa que la que puedas comprar, y si te ayudas de un robot de cocina es sencillísima de hacer

mayonesa clásica

3 yemas de huevo
2 cucharaditas de mostaza de Dijón
2 cucharaditas de vinagre de vino blanco o de zumo de limón recién exprimido
½ cucharadita de sal marina
300 ml de aceite de oliva

Para 400 ml

Coloca las yemas, la mostaza, el vinagre o el zumo de limón y la sal en un robot de cocina y bate hasta que espume. Con la batidora en marcha, incorpora poco a poco el aceite con la ayuda de un embudo, hasta que espese y se ponga lustroso. Si está demasiado espesa, añade un poco de agua. Pruébala y rectifica el punto de sal si lo necesitas.

Viértela en un cuenco y sírvela. Si la guardas en la nevera, te durará unos tres días.

mayonesa de mostaza

La receta de la mayonesa clásica
2 cucharadas de mostaza a la antigua

Para 400 ml

Haz la misma receta de la mayonesa clásica, pero sin añadir la mostaza de Dijón. Cuando la viertas en un cuenco, agrega la mostaza a la antigua. Usa la que necesites, o la puedes guardar igual que la otra.

mayonesa a las finas hierbas

La receta de la mayonesa clásica

Un puñado de finas hierbas, por ejemplo albahaca, perejil o estragón, cortadas

Para 400 ml

Haz la misma receta de la mayonesa clásica. Incorpora las finas hierbas al robot de cocina y bate hasta que la salsa adquiera un tono verdoso. Usa la que necesites, o la puedes guardar igual que la otra.

mayonesa de limón

La receta de la mayonesa clásica

1 cucharadita de zumo de limón recién exprimido

1 cucharadita de ralladura de limón

Un pellizco de pimienta fresca recién molida

Para 400 ml

Haz la misma receta de la mayonesa clásica, añadiendo el zumo y la ralladura de limón junto con la pimienta, la mostaza y el vinagre. Bate hasta que espese. Usa la que necesites, o la puedes guardar igual que la otra.

* Variante: para una mayonesa de lima, reemplaza el zumo y la ralladura de limón por el zumo y la ralladura de una lima.

mayonesa de pesto

La receta de la mayonesa clásica

1 cucharadita de pesto verde recién hecho

Para 400 ml

Haz la misma receta de la mayonesa clásica, añadiendo el pesto al mismo tiempo que la mostaza y el vinagre. Bate hasta que espese. Usa la que necesites, o la puedes guardar igual que la otra.

salsas

Las salsas caseras tienen un sabor fabuloso.
Son fáciles de hacer y se conservan bien
durante 5 días, o incluso varias semanas si las
mantienes en botes esterilizados en la nevera.

salsa barbacoa (picante y ahumada)

200 ml de concentrado de tomate (preferiblemente *passata*)

100 ml de sirope de arce

3 cucharadas de melaza

3 cucharadas de kétchup, ya sea casero (receta de la derecha) o comprado

3 cucharadas de vinagre de vino blanco

2 cucharadas de salsa Worcestershire

1 cucharadita de ajo en polvo

1 cucharadita de pimentón dulce

Sal marina y pimienta fresca recién molida

Para 350 ml

Coloca todos los ingredientes en una sartén, llévalo a ebullición y después deja que se haga a fuego lento durante 15 minutos hasta que se haya espesado y reducido. Salpimenta a tu gusto y deja que se enfríe por completo. Echa la salsa en un bote limpio y guárdala en la nevera; te durará unos cinco días. Si vas a utilizar botes esterilizados, vierte la salsa mientras todavía esté caliente y, cuando se haya enfriado, sella el bote y guárdalo en la nevera. Se mantendrá en buen estado unas cuantas semanas.

kétchup casero

2 cucharadas de aceite de oliva

1 cebolla picada

2 dientes de ajo, machacados

450 ml de concentrado de tomate (preferiblemente *passata*)

150 ml de vinagre de vino

150 g de azúcar moreno

2 cucharadas de melaza

2 cucharadas de concentrado de tomate

1 cucharadita de mostaza de Dijón

2 hojas de laurel

1 cucharadita de sal marina

½ cucharadita de pimienta negra recién molida

Para 400 ml

Calienta el aceite en una sartén, añade el ajo y la cebolla y sofríe a fuego lento durante 10 minutos.

Agrega el resto de los ingredientes y llévalo a ebullición. Después hazlo a fuego lento durante 30 minutos, hasta que se haya espesado y reducido más o menos un tercio.

Cuela la salsa por un tamiz o un chino, deja que se enfríe y vierte en un bote limpio. Lo puedes guardar en la nevera durante cinco días. Si vas a utilizar botes esterilizados, vierte la salsa mientras todavía esté caliente y, cuando se haya enfriado, sella el bote y guárdalo en la nevera. Se mantendrá en buen estado unas cuantas semanas.

ensaladas de col

ensalada de col tradicional

125 g de col blanca desmenuzada

125 g de lombarda desmenuzada

175 g de zanahoria rallada

½ cebolla fileteada

½ cucharadita de sal marina, y un poco más para sazonar

2 cucharaditas de azúcar glas

1 cucharada de vinagre de vino blanco

3 y ½ cucharadas de mayonesa clásica (página 58)

50 g de nata baja en calorías (3 cucharadas)

Pimienta negra recién molida

Para 500 g

Coloca la col, la lombarda, las zanahorias y la cebolla en un escurridor y sazona todo con la sal, el azúcar y el vinagre. Remuévelo bien y deja que goteen en un cuenco durante 20 minutos.

Pon las hortalizas en un paño de cocina limpio y quítales el exceso de humedad. Échalas en un cuenco grande y remuévelas junto con la mayonesa y la nata. Salpimenta a tu gusto, y está listo para servir.

ensalada de col
con nata agria

1 tallo de apio, rallado

80 g de col rallada

1 zanahoria, pelada y rallada

½ cebolla roja (o 3 cebolletas), picada

1 cucharadita de mostaza a la antigua

1 cucharada de vinagre de vino blanco

1 cucharadita de azúcar moreno

100 ml de nata agria

Sal marina y pimienta fresca recién molida

Para 500 g

Coloca el apio, la col, la zanahoria y la cebolla en un cuenco grande. Agrega la mostaza, el vinagre, el azúcar y la nata agria y remuévelo todo. Salpimenta a tu gusto y sirve.

Índice

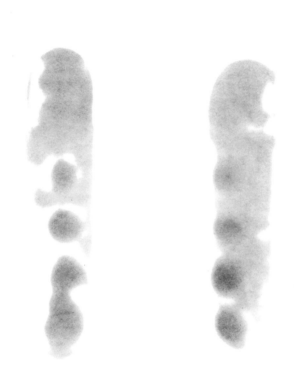